UNE SCÈNE

DU CONSEIL DES MINISTRES.

SÉANCE DU VENDREDI 27 JUILLET 1821.

PAR M. J. E. F.

Aut famam sequere aut sibi convenientia finge.
A vos originaux conformez vos copies?

SECONDE ÉDITION REVUE ET CORRIGÉE.

Prix 1 fr.

A PARIS,

A LA LIBRAIRIE GRECQUE-LATINE ET FRANÇOISE,
RUE DE SEINE, N° 12.

ET CHEZ LES MARCHANDS DE NOUVEAUTÉS.

SEPTEMBRE 1821.

IMPRIMERIE DE COSSON, RUE GARANCIÈRE, N° 5.

UNE SCÈNE

DU CONSEIL DES MINISTRES.

———

SÉANCE DU VENDREDI 27 JUILLET 1821.

———

TOUS LES MINISTRES A PORTEFEUILLE ET M. LAINÉ,
A L'EXCEPTION DU MINISTRE DE LA JUSTICE.

LE DUC DE RICHELIEU.

J'arrive de Saint-Cloud, messieurs, où j'ai porté
Ce qu'au dernier conseil nous avons arrêté.
On approuve. Villèle obtiendra la marine;
Et, pour l'intérieur si toujours il s'obstine,
De son poste nouveau nous le ferons sortir.
A l'université vous voulez réunir
Les cultes : on consent; ce sera pour Corbière,
Avec un portefeuille, un joli ministère.
Bellune aura la guerre. On verra pour Lainé;
Il reste ce qu'il est. Vous l'avez ajourné.
Siméon et Portal, vous, de si bonne grâce,
Qui perdez, ou plutôt qui cédez votre place,
Comptez sur la pairie avec la pension.
Avec la pension la pairie a du bon.
Le ministère ainsi, vrai pays de Cocagne,
Ressemble, en le perdant, au jeu de qui perd gagne.
Maubourg est déjà pair. Il sera gouverneur.
Saluez de Coigni le noble successeur.

Tous ces choix sont de vous ; on s'y prête, on s'y range.
Chacun doit s'applaudir, car chacun gagne au change;
Et nous ne perdons rien, nous qui ne changeons pas ;
Des affaires, pour nous, c'est peu que l'embarras.
Le Talleyrand, messieurs, et je dois vous l'apprendre...

TOUS (*avec vivacité*).

Juste ciel!

LE DUC.

Est malade ; aux eaux il va se rendre.

PASQUIER.

Vous m'avez tout troublé.

LE DUC.

Rassurez-vous. Je crois
Que chacun est content.

SIMÉON.

A peu près ... Toutefois
On va croire, on dira que Villèle et Corbière
Imposent hautement des lois au ministère ;
Qu'on nous chasse pour eux; et l'on n'est pas au bout!
Une fois introduits, ces messieurs prendront tout.
Le peu qu'on m'a laissé me semble bien modeste ;
Prête-nom de Mounier qu'est-ce donc qui me reste ?
Si d'un pesant fardeau mon âge est trop chargé,
Je ne refuse pas d'être encor soulagé.
Je suis loin de tenir aux études, aux cultes;
Mais s'en voir dépouillé, ce sont-là des insultes !
Et l'on pouvoit s'y prendre autrement : j'ai mon fils.
Les fils pour quelque chose étoient comptés jadis.
Et Torcy, Barbesieux... il n'étoit pas si rare....

LE DUC (*à part.*)

A Colbert, à Louvois, le faquin se compare.

SIMÉON (*continuant.*)

Seignelay....

LE DUC.

C'est assez, assez, bon Siméon ;
C'est assez d'historique et d'érudition.
Songez qu'on vous fait pair ; je crois que cela compte.

(5)

SIMÉON.

Pair ou non, monseigneur, ce n'est pas là mon compte.
Rien n'empêche, après tout, d'être ministre et pair,
D'être pair et ministre, et c'est de fort bon air. ,
Vous-même, monseigneur.....

LE DUC (*à part*).

C'est trop fort! (*Haut.*) Mais enfin
Vous en étiez d'accord, vous-même, hier matin.

SIMÉON.

La nuit porte conseil, et c'est aller bien vite.

PORTAL.

J'aperçois à regret que monseigneur s'irrite ;
Mais enfin Siméon n'a pas un si grand tort,
L'affaire est importante, et c'est nous presser fort.

LE DUC.

Et vous, Portal, aussi?

PORTAL.

Nul d'entre vous, j'espère,
Ne croira que je tienne assez au ministère
Pour m'accuser ici de vouloir entraver
Une opération qui m'en vient enlever...
Je n'y tiens point du tout; à monsieur de Villèle
Je ne dispute rien que l'ardeur et le zèle :
Mais pour le faire aller à son *intérieur*
Le chemin que l'on prend est-il bien le meilleur ?
On trouvera, je crois, et baroque et bizarre
Que pour l'y faire ancrer ce soit moi qui démarre,
Et qu'à l'*intérieur* on arrive par mer.
Le même coup de vent me jette au rang de pair:
C'est fort bien ; mais enfin, quel que soit le rivage
Où j'aborde en tombant, c'est toujours un naufrage.
Encor si sur moi seul retombait tout le mal !
Mais que va devenir mon pauvre Sénégal?
Sur lui j'avois fondé toute ma renommée ;
Enfin, monsieur le duc, il étoit ma Crimée.

LE DUC.

Je n'y comprends plus rien. Mais il faut en finir :
Sur tout ce qu'on a fait faut-il donc revenir ?
Veut-on ? ne veut-on pas ? allons-nous nous dédire ?
Parlez, Pasquier, parlez.

PASQUIER (*à part*).

         Je ne sais trop que dire.
(*Haut.*)

Messieurs, monsieur le duc craint d'être compromis ;
Hier, dans le conseil, on arrête un avis
Qu'aussitôt à Saint-Cloud il transmet : on l'approuve,
Il nous le fait connoître, et voilà qu'il éprouve
Une opposition, pourroit-on le nier,
Qui tend, passez le mot, à le mystifier.
Ce n'est pas qu'on ne puisse, en de telles matières,
Quand il vient à l'esprit de nouvelles lumières,
Sans être inconséquent, passer du blanc au noir,
D'un avis le matin et d'un autre le soir ;
Cela se voit partout de la part des ministres ;
Ces cas, selon le cas, remplissent nos registres.
Des ministres, sans doute, en conseil réunis,
On attend des avis plus mûrs, plus réfléchis ;
Mais après tout enfin les ministres sont hommes,
Et chacun dit de nous : Ils sont ce que nous sommes.

LE DUC.

Au fait, monsieur Pasquier ;

PASQUIER.

        Monsieur le duc, j'y suis,
Toujours je m'y renferme autant que je le puis ;
Et du Louvre à Saint-Cloud, de Paris jusqu'à Sèvres,
On sait que, sans détour, j'ai le cœur sur les lèvres.
J'ai dit mes amitiés et mes aversions,
Et, si j'étois capable encor de passions,
Sans jamais m'occuper de l'éloge ou du blâme,
Je dirois mes amours même devant ma femme.

LE DUC.

Au fait, au fait, au fait.

PASQUIER.

M'y voilà : le conseil
N'eut jamais à traiter, je crois, un cas pareil ;
Trois collègues de moins, trois nouveaux dans l'attente :
Pour nous et pour l'État quelle affaire importante !
On tient à ce qu'on tient , et la possession ,
Remarquez bien ceci, n'est pas l'ambition ;
Je sais qu'on ne doit pas se donner pour modèle ;
On m'appelle, dit-on, ministre à toute selle :
A toute selle soit, mais je sais m'y tenir ,
Et quand le poste est bon, on veut s'y maintenir
Je suis donc peu surpris que , dans cette occurrence,
Siméon et Portal vous fassent résistance.
Hier, dit-on , hier, ils pensoient autrement ;
Mais , comme l'un de vous l'a dit éloquemment ,
« La nuit porte conseil, éveille la prudence, »
Et se mieux conseiller ne peut être inconstance.
Que notre président se soucie assez peu
De porter à Saint-Cloud un si prompt désaveu,
On le peut concevoir ; mais enfin à sa place ,
Au devoir qu'elle impose il faut qu'il satisfasse,
C'est là son portefeuille ; il peut le renvoyer :
Mais l'art d'être ministre est l'art de louvoyer.
On peut tout soutenir ; et , sur toutes ces clauses ,
Si j'avois a parler , que je dirois de choses !
D'abord que l'amalgame où l'on veut en venir
Nous donnera bientôt sujet à repentir ;
Je dirois que Villèle et son ami Corbière
Vont bientôt dans *l'ultra* jeter le ministère.
Ultra, messieurs ! ce mot , en le faisant sonner ,
Est magique, et surtout tient lieu de raisonner.
Je dirois, qu'assouplis tant qu'ils étoient sans titres ,
Une fois mis en pied ils seront nos arbitres ;
Que le duc de Bellune avec eux marcheroit ;
Que, poussé par sa femme, il les devanceroit ,
Que tout à ses plaisirs , à peine à nos affaires,
On ne peut, un seul jour , être sûr de De Serres ;
Qu'en *toujours*, qu'en *jamais* toujours près d'éclater ,
Dans ses emportemens il ne peut se dompter :

Comment tenir alors cette heureuse bascule
Qui monte et qui descend, qu'on pousse et qui recule ?
A marcher droit, alors, il en faudroit venir.
Messieurs, du ministère autant vaut me bannir......

SIMÉON.

Qu'avez-vous dit, Pasquier ? vous, l'homme nécessaire !

PORTAL.

Et comment, sans Pasquier, former un ministère ?

PASQUIER.

Je parle, croyez-moi, par supposition ;
Mais je n'ai pas encor fini mon oraison,
Ne m'interrompez pas , car je me sens en verve ;
J'ai cent raisons encor que je tiens en réserve :
Mais je crois qu'une seule à Saint-Cloud suffiroit.
Pour dernier argument le président diroit,
Diroit en notre nom : « *Nous sommes responsables ;*
» Et ce cas est au rang des cas irréfragables
» Qui, ne permettant pas de composition,
» De votre majesté forcent la sanction. »
En allant jusque là tout nous devient possible,
Et c'est, vous le savez, l'argument invincible.

MAUBOURG.

Ainsi nous agissons en maîtres absolus ;
Ainsi nous sommes rois, et le Roi ne l'est plus,
Et, nous couvrant d'un mot qui n'est qu'une chimère,
Responsabilité, c'est à nous de tout faire !
Morbleu ! je n'entends rien à vos subtilités ;
Moi, du conseil d'hier je tiens aux arrêtés.
Messieurs , laissez ou non vos ministères vides ,
C'en est fait, sans retour, je passe aux Invalides ;
Ici, comme on voudra, qu'on entende la loi,
Là nous la recevrons au cri, VIVE LE ROI !
Je m'étois cru plus fort sur la Charte que j'aime ,
Le représentatif et le nouveau système ;
Mais , arrangés par vous, je n'y comprends plus rien ,
Et je doute entre nous que tout cela soit bien...
« Aux murs de Westminster j'ai vu régner ensemble
» Trois pouvoirs étonnés du nœud qui les rassemble. »

Ce fut la mode ici de trouver cela beau ;
On a cru l'imiter, on vouloit du nouveau,
J'applaudis à l'essai qu'on fit de la merveille.
Mais certes, maintenant, d'après mon vieux *Corneille*,
Je vous répéterai que « par tous les climats
» Ne sont pas bien reçus toutes sortes d'états ;
» Que tout peuple a le sien conforme à sa nature,
» Qu'on ne sauroit changer sans lui faire une injure. »
Voilà la vérité ; voilà le vieux bon sens ;
Mais on n'en tient plus compte ; on veut des changemens,
Des constitutions, et dans le même moule
On les jette partout, et partout cela croule.
La charte est autre chose ; elle a reçu ma foi,
Et je la lui tiendrai comme à l'œuvre du roi.
Quiroga ni Pépé ne l'ont point octroyée ;
C'est le roi ! qu'à ce titre elle soit appuyée.
Voilà notre devoir ; mais je ne pense pas
Qu'en la donnant Louis nous ait cédé le pas ;
Qu'il nous ait nommés rois en nous faisant ministres
Pour lui forcer la main par des détours sinistres,
Et que nos arrêtés, ou plutôt nos projets,
Comme qu'ils soient conçus, soient pour lui des décrets.
Je ne sais si tel est l'usage en Angleterre ;
Si c'est le roi qui règne ou bien le ministère :
Monsieur Fox, monsieur Pitt, lord North, lord Castlery (1),
Si George est un zéro ? j'en ai peu de souci.
Qu'à Londres on soit anglois, restons françois en France !
Henri, Louis ! ces noms sont assez beaux, je pense.
Que pour nous à jamais ils gardent leur valeur ;
Ayons-les dans la bouche ainsi que dans le cœur :
Mettons-nous à leur suite et non pas à leur place.
Sully, Biron, Brissac, avec grandeur et grâce,
Disaient *le roi mon maître*, en parlant de leurs rois.

(*En débitant cette tirade avec beaucoup de chaleur, le ministre
de la guerre frappe fréquemment le parquet de sa jambe de
bois.*)

---

(1) En l'écrivant conformément à la prononciation angloise ; en Angleterre
on écrit *Castelreagh*.

PASQUIER (*avec moquerie*).

Mais vous allez casser votre jambe de bois,
Général, prenez garde.

MAUBOURG (*le regardant entre les yeux*).

Elle est ferme, elle est forte:
Et je puis faire mieux du bâton qui me porte.
(*Au président.*)
Enfin, monsieur le duc, et pour me résumer,
Aux arrêtés d'hier j'entends me conformer;
Sortir du ministère; oui, faites-le connoître,
En mettant mon respect aux pieds de notre maître.

LE DUC.

De ce train-là, messieurs, nous n'en finirons pas.
Les avis partagés augmentent l'embarras;
La question devient de plus en plus obscure:
Il est temps cependant de finir, de conclure.
(*Au ministre des finances.*)
Monsieur Roy, votre avis?

ROY.

Monsieur le président,
Tout cela, dans le fond, m'est bien indifférent.
Il ne s'agit ici de moi ni de finance.
Je reste; et mon budget, en recette et dépense,
Que je paie à Corbière ou bien à Siméon,
A Villèle, à Portal, n'en sera pas moins rond.
De l'avis général je fus hier; on change,
A l'avis d'aujourd'hui volontiers je me range.
Je n'ai pas d'autre avis.

LE DUC.

En ministre d'état
Ce n'est pas opiner, monsieur.

ROY.

Dans ce débat
Je ne puis rien de plus; et quel autre, à ma place,
Accablé des détails que ma fortune embrasse

(Car il faut bien aussi soigner ses intérêts),
Y voudroit, mieux que moi, regarder de plus près ?
Je fais mon ministère, et je fais mes affaires,
De rien, hors de ce point, je ne me mêle guères ;
Et je crois qu'à l'état, dans ma position,
C'est payer largement ma contribution.
Je n'ai besoin de rien, de tous biens je regorge,
Or, argent, bons papiers, plomb fondu, fer de forge ;
En prés, en bois, châteaux, j'ai fait par millions,
Et le ciel a béni mes opérations.
Enfin je suis ministre, et ma fille est pairesse :
Mais c'est un grand fardeau qu'une grande richesse,
Après l'avoir acquise, il faut la conserver,
Cela force à des soins, cela donne à rêver ;
On y tient de plus près qu'à la chose publique :
Ce n'est pas qu'à son bien mon zèle ne s'applique ;
On écrit et je signe ; on fait les bordereaux,
Et.... je suis au courant du travail des bureaux.
Je fais ma place enfin ! mais, pour le ministère,
C'est tout ce que je puis, tout ce que je veux faire :
Si cela vous suffit, de moi l'on peut user ;
Sinon l'on peut de moi librement disposer ;
Je suis prêt à rester, ou bien, sans plus attendre,
A la pairie aussi je suis prêt à descendre,
Car, plus tôt ou plus tard, il faut en venir là ;
C'est un chemin tracé, tout le monde en aura.
Decaze a fait la planche, elle est longue, elle est large,
Le grand livre des pairs a toujours de la marge ;
Que mon nom, s'il le faut, dès ce soir y soit mis.

LE DUC.

Mais votre avis enfin.

ROY.

Je n'ai pas d'autre avis.

LE DUC.

Voilà beaucoup parlé, monsieur, pour ne rien dire.

ROY.

Vous le croyez ainsi, mais cela doit suffire

A prouver qu'à toute heure, en tout événement,
Le plus riche est toujours le plus indépendant.

LE DUC.

Quoi ! de la question, pas un mot ; quel martyre !
Oh ! j'en perdrai la tête ; à peine je respire.
        (*S'adressant à Lainé*).
Enfin, monsieur Lainé, tirez-nous d'embarras,
Je vous prie, opinez.

            LAINÉ (*avec dignité.*)

                Je n'opinerai pas.

            LE DUC.

Et pourquoi, s'il vous plaît ?

                LAINÉ.

                Parce que cela blesse
Un noble caractère et la délicatesse.

            LE DUC.

En quoi donc ?

                LAINÉ.

            Le voici. Ministre *in partibus*,
Et dans votre conseil admis comme un *intrus*,
Quelque avis sur ce point que j'écarte ou j'accueille,
On croira que je veux souffler un portefeuille :
Et, certes, je n'ai point des sentimens si bas.
        (*Avec encore plus de dignité.*)
Je le redis encor, je n'opinerai pas.

            LE DUC (*se possédant à peine*).

Monsieur l'*in partibus*, mais, dans le ministère,
En n'ayant nul avis, que venez-vous donc faire ?

            LAINÉ (*un peu déconcerté*).

Je viens.. mon nom, je crois.. mon nom seul.. mon seul nom..
Si j'avois de l'orgueil... comme j'en ai, dit-on,
J'aurois, au premier mot... mais j'ai su me contraindre;
J'ai dévoré l'insulte et l'affront sans me plaindre.

            LE DUC.

Une insulte ?

LAINÉ (*du ton le plus piqué*).

On a dit : *On verra pour Lainé.,..*
Il reste ce qu'il est.... nous l'avons ajourné.
(*Il répète avec l'accent de l'indignation et du ressentiment.*)
Ajourné... ce qu'il est... on verra... dans mon âme
J'ai contenu l'ardeur qui déjà se renflamme,
Et j'en veux bien encor retenir les éclats.....
Mais je dirai toujours : *je n'opinerai pas.*

LE DUC.

Chacun a dit son mot, autant valoit se taire ;
Car j'en sais un peu moins ce qui me reste à faire.
Messieurs !

PASQUIER.

Votre Excellence, en ce cas singulier,
Peut-être auroit besoin de consulter Mounier.

LE DUC (*d'un ton de mécontentement et de susceptibilité*).

Mounier ! pourquoi Mounier ? et que veut-on me dire ?
Pense-t-on que sans lui je ne puis me conduire ?
Je le consulte, mais...... il fait ce que je veux.

ROY (*à demi-voix, mais assez haut pour être entendu*).

En retournant la phrase on diroit beaucoup mieux.

LE DUC (*avec colère*).

Monsieur l'indépendant , qui m'outragez en face ,
Sachez qu'on peut soudain vous mettre à votre place.
On rend gorge parfois ; légiste maltôtier ,
Dans vos biens impromptus c'est trop vous confier.

ROY (*en fureur*).

Que dit-il ? j'en sais long , des deux mains je m'escrime ,
Les hommes des cent jours me gardent leur estime ;
Dans des rangs opposés deux gendres de mon choix
Protégent ma fortune et défendront mes droits.
Riche , l'on est puissant ! sur nous rien ne peut mordre ;
Et si la royauté ne peut maintenir l'ordre ,
Le trouble vaut pour moi la légitimité.
Deux cordes à mon arc feront ma sûreté.
J'ai prévu....

PASQUIER.

Laissez donc, il ne faut pas l'entendre.
Son attaque de nerfs est prête à le reprendre.
Messieurs, tenons-nous bien ; car une fois parti,
Chacun a son paquét, je vous en averti.

LAINÉ.

Moi-même, vous croyez ?

PASQUIER.

Oui, craignez sa marotte.
Il se tourne vers vous, parez, parez la botte.

LE DUC (*dans le dernier égarement ; il s'avance vers Lainé, le
regarde, l'examine, comme cherchant à le reconnoître*)

LAINÉ.

C'est moi, monsieur le duc, monsieur le président.

LE DUC.

Que vient faire en ces lieux, que me veut ce pédant ?

PORTAL.

C'est Lainé de Bordeaux, un collègue, un ministre,
Comme vous, cordon bleu.

LE DUC (*envisageant Portal*).

Je reconnois ce cuistre.

LAINÉ.

Monsieur le président, reprenez vos esprits,
C'est Portal.

LE DUC.

Oui, Portal, c'est comme je le dis.
L'auroit-on appelé pour mesurer le trône ?
Qu'il rentre au magasin, qu'il reprenne son aune.

PASQUIER.

Gare à vous, Siméon, il est sur votre dos.

SIMÉON.

Il me tourne le sien, bon ! j'échappe aux propos,
Ce n'est que du mépris.... oh ! oh ! voici bien pire !
Pasquier, ses yeux sur vous se tournent en délire.
Il vous cherche, il vous tient.

(15)

LE DUC (*Il a saisi Pasquier par le bras, et parle en le secouant*
rudement).

                                Quoi! toujours ce Pasquier?

Quoi! ce caméléon, souple comme un osier;
Prêt à tout, propre à rien; un second maître Jacque;
Dans ses discours diffus tout vide et tout opaque;
Flattant tous les partis et glissant dans la main;
Tortueux par système, insaisissable enfin;
Mordu du chien hargneux de l'anti-jésuitisme,
Qui de son parlement n'a que le jansénisme;
Ministre inamovible et ministre à tout vent:
Ah! détournez de moi l'aspect de ce serpent.

PASQUIER.

Jamais à cet excès n'est allé son délire.

MAUBOURG.

Délire, dites-vous? Je ne sais trop qu'en dire.

PASQUIER.

Quelques fureurs encore, et puis l'abattement.

ROY.

Que n'a-t-il commencé par l'assoupissement.

MAUBOURG (*s'approchant du duc, dont l'agitation est devenue*
extrême, et cherchant à le soutenir).

Le voilà dans sa crise! Il s'égare, il chancelle.

        LE DUC (*reconnaissant Maubourg*).

Maubourg, soutenez-moi de votre bras fidèle.

          (*Il entre dans un délire complet.*)

Quelle ombre m'apparoit et s'avance vers moi?
Ah! je la reconnois, c'est le ministre-roi,
C'est le grand cardinal, mon grand oncle... il menace.
Grande ombre, apaise-toi, permets que je t'embrasse...
Il me repousse, il fuit... ô rigoureux destin,
Quel écrit sur ce mur vient de tracer sa main?

    (*Il paraît lire des paroles écrites sur la muraille.*)

Tu n'es pas Richelieu... C'est l'adieu qu'il me laisse!
Je l'ai trop mérité. Pardonne à ma foiblesse!
Pardonne! tu le sais, ton nom que j'ai reçu
Avec ton noble sang ne m'est point parvenu (1)!

---

(1) On sait que la famille dans laquelle s'est conservé le nom de Richelieu

Que n'ai-je avec ce nom ton courage et ta tête ;
Cette barrette au moins qui bravoit la tempête ,
Et *ta soutane rouge* enfermant dans ses plis
Tous les grands coups d'état frappés pour ton pays (1) :
Pardonne ! je n'ai point ton génie en partage,
Toi-même, il t'en faudroit aujourd'hui davantage.
Que veux-tu ? Le génie est un fleuve tari.
En quels lieux, sur quels bords coule-t-il aujourd'hui ?
Précurseur du grand siècle impatient d'éclore,
Tu fus à ton couchant digne de son aurore ;
Et moi, suivant le mien dans un obscur sentier ,
J'y marche sans éclat et mourrai tout entier.
Va, dis dans l'Elysée au fils du grand Racine
Qu'en répétant ces mots, comme lui je m'incline :
O pères trop fameux , que vos noms triomphans
Sont un pesant fardeau pour vos foibles enfans !
Soutenez-moi, je sens que je tombe en foiblesse.

MAUBOURG.

Il perd le sentiment ; messieurs, le moment presse.
Il peut dans cet état être emporté chez lui ;
Et voilà le conseil remis pour aujourd'hui.

> (*Les ministres s'approchent tous du duc, l'entourent*
> *et l'entraînent de la salle du conseil dans son ap-*
> *partement, dont la porte s'ouvre et où ils entrent en*
> *le soutenant, à l'exception de Pasquier et de Siméon*
> *qui continuent l'entretien.*)

---

n'est et ne peut être la postérité du cardinal. Cette famille est celle de *Vigne-rod*, par suite du mariage de François de Vignerod, marquis de Pont-Courlai, avec Françoise du Plessis, sœur du cardinal ; mariage duquel naquit Armand-Jean de Vignerod, qui fut substitué au nom et aux armes de Plessis-Richelieu, par le cardinal son grand-oncle , et qui fut père du duc de Richelieu , maréchal de France , aïeul du duc de Richelieu d'aujourd'hui.

(2) On lit dans des mémoires du temps du cardinal de Richelieu, que, s'entretenant un jour avec le marquis de la Vieuville, il lui dit : *Je n'ose rien entreprendre sans y avoir bien pensé ; mais quand j'ai pris ma résolution je vais à mon but, je renverse tout, je fauche tout, et ensuite couvre tout de ma soutane rouge.*

PASQUIER.

Demeurez, Siméon, ne perdons pas la tête ;
Tout ce bruit, cet éclat n'a rien qui m'inquiète.
L'avis de rapporter notre arrêté d'hier
Au conseil d'aujourd'hui prévaut, rien n'est plus clair.
Vous et moi, Roy, Portal , tous d'accord, font bien quatre ;
Lainé *n'opinant pas*

(*Il prononce le mot opinant en imitant en moquerie le ton so-*
lennel de Lainé.)

je n'ai rien à rabattre.
Maubourg est contre nous, mais ce n'est qu'une voix
Celle du président n'est pour nous d'aucun poids.
De bonne grâce ou non il faut qu'il se résigne,
Qu'il paroisse approuver et qu'au registre il signe.
Quel que soit cet accès, bientôt il passera ;
En reprenant ses sens , le duc nous reviendra ;
Mais rédigeons toujours ; autant de fait.

SIMÉON (*se rasseyant à la table du conseil et prenant le registre*
des délibérations, se met en devoir d'écrire et d'effacer).
J'admire.
Vous parlez clair, et puis qu'on dise...

PASQUIER.
Laissons dire.
Il est des lieux, des temps pour biaiser , hésiter,
Mais tout dans cet instant prescrit de nous hâter :
Etre ou n'être pas !

SIMÉON.
Oui , perdre ou garder sa place ;
Le *to be* des Anglois, et nous restons. J'efface
Ce vilain arrêté d'hier !

PASQUIER.
Bien, Siméon.

SIMÉON (*effaçant sur le registre*).
Des nouveaux prétendans, ainsi l'on a raison,
Et tout reste en l'état, *in statu quo.*

2

PASQUIER.

Sans doute.

SIMÉON.

Et le Châteaubriand? Toujours je le redoute.

PASQUIER.

On le verra venir.

SIMÉON.

Il nous joûra des tours.
On ne pourra jamais apprivoiser cet ours.

PASQUIER.

Vous parlez de ses tours? N'avons-nous pas les nôtres?
Et peut-être ceux-ci vaudront-ils bien les autres.

SIMÉON.

Je vous entends, j'y suis. La police, Mounier,
Vous et moi; je dis moi, car je suis du métier.

PASQUIER.

Au reste que nous fait un homme en cette affaire?
Connoissez-vous en France un homme nécessaire?

SIMÉON (*y mettant de la finesse et avec un regard qu'il veut rendre très-expressif*).

J'en connois un.

PASQUIER (*du même ton et lui rendant même regard*).

Ou deux.

SIMÉON (*avec une grande affectation de modestie et de sensibilité*).

Trop d'honneur. Mais parlons
(Puisqu'ici de nos faits si bien nous convenons,
Et qu'à l'objet présent cet autre objet s'enchaîne),
Parlons d'élections. L'époque en est prochaine.
Il faut s'y préparer pour n'y pas être pris.

PASQUIER (*d'un ton capable, effleurant même la profondeur*).

Sans doute, et comme vous j'en connois tout le prix.
Je crois qu'à cet égard notre but est le même.
Je sais sur qui d'avance appeler l'anathème.

Mounier, si nous restons , avec nous marchera ;
Croyez, pour cet emploi, qu'il saura, qu'il verra.
Ce n'est pas toutefois que tout nous réussisse,
Que de gauche et de droit quelque intrus ne se glisse ;
Mais en prévoyant tout on peut tout espérer :
Je poursuis. Le moment arrive d'opérer ;
On nomme, on a nommé ; on s'empresse, on s'assemble ;
Ministres, députés , nous voilà tous ensemble.
Nos préfets , nos agens ont tous fait leur devoir ;
Ils ont influencé ; nous avons tout espoir.
Croyez pourtant, croyez qu'on aura du mélange :
On se place à la droite ; à la gauche on se range,
Et personne au milieu. Mais nous avons nos bancs,
D'où, sans rien dire encor, nous observons les rangs,
Et, sous un mot poli, nous composons un centre ,
Que quelques gens grossiers appelleront *le ventre*.
Nous marcherons d'abord à petits pas bien lents ;
Ces jours qu'on dit perdus nous font gagner du temps.
On se livre à la gauche ; à la droite, avec grâce,
On donne quelque à-compte. On cajole , on menace ;
Nous pouvons tant promettre et même tant donner ,
De lassitude enfin nous pouvons tant gagner !
De Bordeaux et d'Aï si bien s'enfle le ventre,
Qu'il faudra dans nos rangs qu'il déborde, qu'il rentre ;
Et nous, qu'on croit toujours ébranlés, chancelans,
Sauf quelques horions, nous restons triomphans.

SIMÉON (*exultant et sautant de joie*).

Triomphans! oui, Pasquier, je le dis , je le jure,
La session dernière en offre un bon augure.
Qui pouvoit croire !... enfin elle a si bien tourné
Qu'aujourd'hui je me sens comme *un enraciné*.
Encore un mot, un seul.

PASQUIER.

Hâtez-vous.

SIMÉON.

Je me hâte.
La matière est pourtant tant soit peu délicate,

On ne peut à la fois tout régler, tout mener,
Il est quelqu'un pourtant qu'il faut éliminer,
Exclure absolument.

PASQUIER.

Quel est-il ?

SIMÉON.

C'est Coussergue,
Au type des proscrits le premier sur l'exergue.
Decaze a ma parole, et son œil est partout !
Decaze, vous savez, est un mort bien debout.
Mais ne me cachez rien, est-il toujours votre homme !

PASQUIER.

C'est un épouvantail et non pas un fantôme :
Il a votre parole ; il a la mienne aussi.

SIMÉON.

Ce projet, entre nous, peut donner du souci.

PASQUIER.

Par où monsieur Clausel est-il si redoutable ?

SIMÉON.

Clausel est du Rouergue, et ce sera le diable !
Ces maudits Rouerguas sont durs à manier.

PASQUIER.

Vous maniez si bien ! il faudra travailler !
Oui, nous prendrons, sur douze, une heure de fatigue,
Et le reste du jour sera tout à l'intrigue.

FIN.

www.ingramcontent.com/pod-product-compliance
Lightning Source LLC
LaVergne TN
LVHW011049050726
842519LV00004B/1537